QUER SE VER NO MEU OLHO?

Copyright © 2015, Rafael Vitti

Copyright do projeto © 2015, Editora Pensamento-Cultrix

Texto de acordo com as novas regras ortográficas da língua portuguesa.

1ª edição 2015.

Todos os direitos reservados. Nenhuma parte deste livro pode ser reproduzida ou usada de qualquer forma ou por qualquer meio, eletrônico ou mecânico, inclusive fotocópias, gravações ou sistema de armazenamento em banco de dados, sem permissão por escrito, exceto nos casos de trechos curtos citados em resenhas críticas ou artigos de revistas.

A Editora Seoman não se responsabiliza por eventuais mudanças ocorridas nos endereços convencionais ou eletrônicos citados neste livro.

Coordenação editorial: Manoel Lauand

Arte: Gabriela Guenther | Estúdio Sambaqui

Foto quarta capa © Alex Santana

Foto p.4 © Jack Cicoria

Dados Internacionais de Catalogação na Publicação (CIP)
(Câmara Brasileira do Livro, SP, Brasil)

Vitti, Rafael
  Quer se ver no meu olho? / Rafael Vitti. -- São Paulo : Seoman, 2015.

  ISBN 978-85-5503-023-9

  1. Poesia brasileira I. Título.

15-05911   CDD-869.1

Índices para catálogo sistemático:
1. Poesia : Literatura brasileira 869.1

Seoman é um selo editorial da Pensamento-Cultrix

EDITORA PENSAMENTO-CULTRIX LTDA.
R. Dr. Mário Vicente, 368 – 04270-000 – São Paulo, SP
Fone: (11) 2066-9000 – Fax: (11) 2066-9008
E-mail: atendimento@editoraseoman.com.br
http://www.editoraseoman.com.br

Foi feito o depósito legal.

Rafael Vitti

QUER SE VER NO MEU OLHO?

SEOMAN

Poemas são como espelhos:

Refletem suas inseguranças e alegrias.
Refletem as coisas quentes e frias da tua
a l m a.

Escrevo pra me livrar.

Qualquer verso,
por mais simples que seja
é digno e PROVOCA.

Arte
        p r o v o c a !

Vamos provocar o bem!
A m e m!

Desejo apenas que seja sincero com
você mesmo ao ler.
Que inspire-se e inspire.
Que se expresse da forma que for.
Que ame e derrame amor.
Que provoque!

SOMOS TODOS ESPECIAIS e ÚNICOS!

Permita-se!
Eu acredito em você.

Tenha uma boa experiência.
Abraço,
        Rafa Vitti

APRESENTAÇÃO

O que dizer diante da existência de um menino?
Sabia eu, dentro do ventre, que iria ser artista?!
Gostava que fosse um grande valor humano, um Menestrel da Paz!
Estamos no presente e me deparo diante de uma folha vazia a escrever preenchimentos...
Olho teus olhos e faço a viagem.

Lembro do Rafa pequeno (sete anos), todo início de ano, eu lhe oferecia um papel em branco com bordas desenhadas e dizia: "Escreva teus objetivos emoldurados para o ano vindouro"... E, junto, dava um caderninho... "Escreva teus sentimentos, sejam bons ou não, são teus, somente teus, dizem de ti, merecem toda atenção." Insistia. "Escreva teus sonhos ao acordar e o quê quer sonhar, antes de dormir." Persistia "Escreva nem que seja uma palavra que resuma o todo e o nada de cada dia, escreva em códigos, se preciso for, desenhe. Não deixe de escrever! Porque hoje pode parecer bobagem, mas daqui há um, cinco, dez anos... Esses registros serão a tua história... Incluindo as páginas em branco!"

Rafa guardou os caderninhos... Que bom!

Temos todos nós, a oportunidade então, de compartilhar o genuíno potencial criativo, que nasce do bem, promove o belo e desencadeia benefícios!

Escrever e ler com os olhos do coração sem julgamentos, a confiar no vento... O tempo de uma existência.

Tudo passa, a barriga, o leite, as fraldas. Do primeiro dente ao siso, choros e risos! E o que fica é só o delicado momento de gratidão por encontrar em vida, pessoas que nos sirvam de exemplo. Aprendemos com os filhos, fique aqui registrado!

Ser mãe é ter o coração na boca, um filtro nos ouvidos e a memória nos olhos! Deve ser por isso que dizem que água tem memória...

Olhe nos meus olhos agora e veja o orgulho que transborda em lágrimas de muita, muita, muita emoção.

Ensine aos filhos que eles são capazes de fazer o bem e, assim, serão o próprio bem!

Obrigada, Rafael!
Obrigada por ser o Menestrel da minha Paz!

Valéria Alencar

- EI VOCÊ -

Poesi-fique comigo.

ATENTADO POÉTICO

Vou e$_x$pl^od^i^{r} uns versos por aí.
Uns versos de
Sentir.

Ver se faz um **efeito**
Se o **afeto afeta** de fato
Algum sujeito.

Horizonte Virado

hoje em dia o mundo tá tão

VERTICALIZADO quanto triste.

Triste.

DEPENADO POEMA

Existem pessoas
que cultivam
p e n a.

Outras,
P o e m a s.

orboletas

As mesmas palavras que preenchem
Tornam-me vazio.

Palavras são como borboletas
:
Se tivermos sorte
Teremos seu toque e beleza em mãos

Ali, perto, perto.
E instantes depois
não teremos mais.

NÃO TEREMOS MAIS.

v o ᵒ u.

E só vamos apreciar
Suas asas guiadas pela brisa leve
Como velas de um veleiro.

É aí que mora a
P o e s i a.

Nesse **momento** efêmero.
Como cada momento.

Belo como a borboleta
Que vive uma curta vida de ilusão.

Como nós.
Somos poemas vividos.

Sente-se

O **amor** vence
Nesse mundo indiferente
e **louco.**

Acalme-se...
Ame.
Sente um pouco.

Será que somos

Será que somos **reais**?
Vivendo por ideais? Sera que somos **reai$**?
Visando acumular **reai$**

nunca satisfeitos queremos sempre **maiS**.

O suficiente, pouco satisfaz,
recebo de bom grado o que a vida traz
Mas essas cédulas, incrédulas, têm mais
valor que a nossa paz.

"verdades" falsas!

você precisa realmente de todas essas calças,
das várias bolsas e suas alças?

que pouco dizem sobre você
uma espécie de falso prazer
onde seu caráter se demonstra no fazer
liberdade tá na forma de viver
enquanto poucos têm muito
e muitos têm pouco
me pergunto o que podemos nós fazer?

reai$?

A avidez da ganância te r o m p e
um simples papel te corrompe
e quando esgota na fonte
o sujeito pensa até em **se matar**
desprovido da malemolência pra readaptar
e perceber, um dia
que a vida é muito mais do que ganhar.

Na dificuldade a gente cresce
mostra de fato as garras
se estabelece
e se livra das amarras
reaparece.

Mais forte e vital ressurge
realizar sozinho é mais difícil
deixe que te ajude
estamos abertos a mudanças, então MUDE
apenas uma simples atitude
quem sabe um dia
não atinja plenitude.

Será que somos reais?
vivendo por ideais?
Será que somos reais?
vivendo por ideais?

Instinto extinto.

Versos brancos
Sentimentos mancos.

Ontem eu tinha uma sabedoria elevada
Hoje estou de ressaca.

WAY

There's always, always
a way.
often times far away...

But maybe
I want
just stay...

BAMBOLÊ

Quando tiver tudo **rodando em cima**,

bota pra **rodar embaixo**.

FLUXO

Só os peixes mesmo

pra entenderem

as

{ c o r r e n t e s }

e

seguirem o **fluxo**

contentes.

Temos muito que aprender com
OS
peixes.

ator

O ator é ator

porque apenas sua vida não basta
porque apenas sua existência não satisfaz
porque apenas seus problemas não são suficientes.

O ator é ator

porque sente necessidade
de viver
mais histórias do que seu **in**-destino guarda.

porque precisa
de outro ser
pra **s e r.**

O ator é ator

porque sente que **é**
porque sente que o palco é seu mundo
Seus infinitos mundos.

Ali pode viver
em **1500**
ou
3082.

Pode **viver** sua imaginação
Pode **criar** sua realidade
Pode criar
e criar
e criar
e recriar-se.

O ator é ator
porque tem uma **função**.

O ator é ator
por poder
r e v o l u c i o n a r
sua própria existência
e a dos demais.

O ator é ator
pra mudar a coisa toda
pra fazer **diferente**.

pra quem desmerece
que se e x p l o d a
somos muito mais
contentes
com nossas
loucuras **in**-particulares.

O SOL E DUAS LUAS

Numa noite de Lua
havia uma linda nua
virada pra janela
onde estava a luminosa.

Via toda silhueta de seu corpo
seu quadril redondo
igual as curvas
de uma perfeita maçã.

Pensava comigo...
O momento pedia algo.
Mais que pedia,
i m p l o r a v a.

Forças ocultas tomavam todo quarto.
Eu podia senti-la de longe
Havia algo que queríamos descobrir.

Tinha um medo in-findo
por outro lado uma vontade infinita

Vontade de tocar
apertar, morder e
pirar.
Enlouquecer em tua refletida
l u z.
Vontade de gozo.

Ela virou-se.
G e l e i.
Aproximou-se destemida
&
me
engoliu.

Puta que pariu

Corpos vivos
movimentando-se no espírito do
rock 'n' roll
fodemos como fodidos indispensáveis.

Fiz amor
com a Lua sob sua própria luz
e lucidez.

A pele já grudava
nós já éramos um só
nós já éramos um nó

éramos nós:

O
S o l
e duas
L u a s

dançantes na imensidão do cosmos

deslimitados
ilimitados
Multifacetados

Nessa noite
dormi
e
sonhei
sonhei
sonhei...

DO(A)MAR

Ame.
Ame mais.
Ame de novo.
Ame mais de novo.
Ame o novo.

Depois, **ame** de novo.
Re-**ame**.
Se **ame**.
Ame.

DES(ENVOLVIMENTO)

Desenvolver?
ou
Des - e n v o l v e r ?

Será que a **culpa** é minha?
Será que a **culpa** é tua?

Estou certo de que a **culpa** esteja {**nua**}...
e não seja de **ninguém**.

Talvez do universo,
daquele {**c é u**} bonito que olhei.
Ou até dos versos
e poemas que te dei.

Talvez seja mais
p r o f u n d o
ou
s u p e r f i c i a l .

Talvez...
Talvez...
Talvez...

Volto a pensar...
O **talvez** não faz mudar de lugar.

família (e) afinidade

Hoje brindo minha família,
a esperança pra seguir na trilha
muito mais que pai, mãe, filho e filha

Com as diferenças a gente aprende
e aprendizado a gente compartilha
fortes como lobos na matilha
na imensidão da noite enquanto a lua brilha

Não sou dos que gostam de botar pilha
mas já tive certa simpatia, talvez por telepatia
com aqueles que dividem até mesmo em fatias e
toda essa empatia gera um pouco mais de alegria
e afasta as coisas frias

Relaxa não tem essa de modelo ideal
são divergências em geral
vários conflitos por sinal
todo mundo é louco, na moral
você nao é o único fora do normal
é dessa forma mesmo ao natural

provém da natureza
porque a vida é só pureza
inabalável como a certeza, tá firmeza,
é com convivência que adquirimos a destreza
necessária para relevar
e descobrir que amar vale mais a pena que brigar
que a união é necessaria como é respirar
só não pode deixar faltar o ar
cuidado pra não se engasgar
sem essa base familiar as chances são muito maiores de você falhar

deixa falar, deixem falar...
felicidade é o que nos faz continuar
deixa falar, deixem falar...
felicidade é o que nos faz continuar

e nem pensar em desistir
a estrada é dura mas temos que persistir

em uma vida não pode nem existir a possibilidade de não resistir
a todas enfermidades cinzentas
Se a gente não sabe
pelo menos a gente tenta
a família complementa
tem a que se ausenta e tem a trabalhadora
tem a que se aumenta e também a sonhadora
tem da briguenta e da faladora
tem da que aguenta e da que espera que ocorra

e
deixa falar, deixem falar
a família é a força pra gente continuar
deixa falar, deixem falar...
a família é a força pra gente continuar

o preço do privilégio
é a sua gratidão
afinal, quem pagou o teu colégio e também do teu irmão?
quem te deu uma cama, um pijama?
e tu ainda reclama,
cara de banana!

tem vergonha da mamãe, acha que engana
mas quando tá precisando de uma grana vem dizer que ama,
cheio de pudores tratando a coroa como uma dama
que feio isso, cara de banana

dessa forma tu se explana, demonstra ser ingrato
com aqueles que te dão tudo e botam a comida no teu prato
mas nada é eterno, isso é um fato

Então aproveite os verdadeiros ao seu redor
pois um dia eles nos deixam
e tudo vira pó... tudo vira pó!
Aproveite os verdadeiros...
Um dia eles nos deixam e
Tudo vira

Pó.

RIMADOR

remar.
    remar.
        remar.
            remar.
                remar.

E **chegar** em algum

Lugar.

O NÃO VENDIDO

O tempo não para...
O olhar atravessa...

Vendo sonhos sinceros e poesia
Vendo amor, carinho e alegria
Vendo um abraço, um beijo, companhia.
Vendo sorrisos, novidades, e o que
a r r e p i a.
Vendo as inseguranças & oportunidades.
Vendo o que contagia:
arte, música, coisa boa de verdade.
Vendo pipas que remetem à liberdade
na imensidão.

Vendo o que o dinheiro não compra e
nunca comprará
Vendo apenas
P R E C I O S I D A D E S.

PERSONALIDADE

No ensaio que é a vida
vou trocando minhas máscaras,
e n c e n a n d o
meu viver
s o u
quem deveria
s e r
nem **mais** nem **menos**
apenas {**eu**} mesmo.

AMBIGUIDADE

A troca é bela,
assim,
como ela.

PARA A LUA

Digna da vida, ela, minha preferida
profetiza as palavras como se soubesse...
soubesse tudo, ou não soubesse nada

ou só soubesse o que coubesse no coração
E para sempre vivesse na mais doce ilusão

Mas diferente seria se um dia
libertasse a tudo
ultrapassasse a fina casca do medo...

O medo... ah! O medo é essencial.
Uma forma de prevenção, sua proteção
quem sabe em vão... não...
é mais especial, é mais espacial!

Solta ao vento quer estar
mas presa a si amarrada está.
Todos seus pensamentos valem
porém o real valor se encontra na ação.

No fato de esquecer e relevar
de buscar e encontrar
de se olhar e apaixonar
é lindo o medo de amar
é triste a falta de coragem pra superar

é triste ver que o fim pode chegar
sem nem mesmo ter havido um início
só um solitário amar, ou sei lá, só mais um vício

algo crítico, místico, louco... vou deixar...
deixar que a vida siga, que o vento leve,
carregue, tudo que criei dentro, vivo, vida, siga...

Nem sei o que foi isso.
não deu tempo de perceber,
não sou valente o bastante talvez,
mas vou te encontrar outra vez
lá no céu, nas estrelas, no infinito,
onde tudo é grandioso
assim como você, querida {lua},
que me segue e me espia da janela.

Me faz pensar em tudo,
me dá vontade de chorar de amor,
de não saber, ou entender o porquê de ser assim...
tudo pra mim, ou um caminho sem fim...

Mas pra que toda essa melancolia inventada?
prefiro dar risada! Esquece tudo... o mundo...
tudo que escrevi ali em cima, esqueça, é apenas poesia,
pra quem quer que leia e se identifique.

Só sei que te amo, ou pelo menos procuro sentir isso...
Queria que você me dissesse o que sente
não só o que passa pela sua mente...
te amo de um jeito que não amei ainda...
amo te amar... amo o amor!

Amor que não sinto tem tempos...
amo pensar em você, amo te ver...
te perceber, tentar te decifrar mesmo sabendo que é
impossível.
que agoniante!
minha cabeça me consome às vezes.
isso **tudo** por que
eu me **apaixonei**

pela **Lua**.

FINAL

Ame até o ponto que **não** haverá mais **ponto**.

SEM PR {É S} EM TI

Sem ti
senti
que
ainda sentia.

Sempre
senti
sem ti.
Só não sabia.

A LÁGRIMA

**partícula
de**

F.elicidade
Ó.dio
D.or
A.mor

S.audade
E.moção

que
e
s
c
o
r
r
e
pelo **olhar**,
atravessa as curvas
das bochechas...

Toca os
lábios:

Salgado.

Passa pelo queixo
e **pré sente** um

a bis mo

Daí encontra alguma
super{fície}
e **fica**...

Até que o **t e m p o**
faça seu
belo
trabalho.

E **carregue**...
lento como
v e n t o
carrega.

POLARIDADES

tá **amo**
tê **amo**
tí **amo**
tô **amo**
tú amo

e u {a m o}
t u {a m a s}
e l e {a m a}
[nós**amamos**]

Amamos.
Nós.
Amamos.

Assim espero.
.espero Assim

Se não, a-migo
o
f i m

Assim:

ruizin
fein
chatin
cinzin
sujin
frufrû

u
m

c
u.

Uma no estilo Cazuza

vejo você na linha
imagino sendo só minha
te levo pra onde for
te levo com todo amor

vejo você na linha
vejo você meio sozinha
posso ser seu acompanhante
seu amante
seu amor
e
você minha flor

vejo você na linha
vejo você na linha
mas sou frouxo
e não falo

vejo você na linha
mas queria você na minha
rainha, princesinha do amar
vejo você na linha do horizonte
na linha que corta a vida
quero te beber da fonte
todo mel da tua saliva

vejo você na linha
mas queria você na minha
só na minha

IMPREG{NADA}

Existe **poesia**
até mesmo
entre esses postes
e aquelas gaivotas.

Entre as frestas das portas
e janelas.
Entre o olho e o
cílio.

Entre minha boca
e a tua.
Certamente.

Entre a lágrima
e a fábrica.
Entre o ar e
o mar.

Entre sexo
paredes
e
chão.

Entre eu e
você.

Entre, sinta-se bem!

PAPO RETO
Coração
não
é
De **c o r a ç ã o**

O MENOR E MAIS (EX/IN)TENSO POEMA DO MUNDO

t

e

a m o.

chorar lava a alma

ou

Afoga ela.

COM OUTROS OLHOS

seu olhos
cegos
não **olham**

mas
molham
cega **m e n t e.**

CERTAS DÚVIDAS

T a l v e z eu te **ame.**
Ou
{talvez}
eu só **ame**
te amar.
Ou então,
eu te **ame**
e **ame te**
amar!

É...
deve ser
i s s o.

MOÇAS

mulher
menina
incógnita
essencial

menina
mulher
levita
espacial

mulher
menina
imita
não igual

menina
mulher
emita
carnaval

mulher
menina
ensina
o ser real

menina
mulher
sem tu
nada
acontece

menina
mulher
com tu
tudo
floresce

mulher
menina
sinto
bem
ao lado

menina
mulher
muito

obrigado!

O COMEÇO

Não é o **preço**...
É o **apreço**.

Ou o **tropeço.**
Que volta e meia
esqueço...

d o r.
escassos de
a m o r
e
c o r.

O MAIOR AMOR DO MUNDO

Queria te dar o maior **amor** do mundo.

Só não queria te {e s m a g a r}.

PARA SHAKESPEARE

Ser ou não ser?

Aí, meu caro,
a questão é viver.

ACONTECER.

AMOR DE OLHAR

Passei. Parei. Olhei.
Passou. Parou. Olhou.
R e s p i r e i... Olhei,
s o r r i.
R e s p i r o u... Olhou,
c o r o u.

     Pensei...
     Confuso...
     Senti.
     Sorriu...
     Confusa...
          se foi.

O que foi isso, será?

O amor...
Que durou apenas o
O l h a r
E se perdeu pelo ar, pelo mar, pelo estar...
Pelo próprio ato de {amar}.

VIAJO SEM CINTO

Sinto
que preciso escrever o que **sinto**.
M i n t o.
Poderia imaginar e inventar
todo o **infinito**.
E ainda assim...
seria o que sinto...

M i n t o?

VALE A RE-LEITURA

Toda re-leitura
é uma chance de re-descobrir.
Sentir diferente.
Subjacente.

A mente se comporta...
Quem se importa?
É hora de bagunçar as **certezas**
novamente.

novamente.
É hora de bagunçar as **certezas**
Quem se importa?
A mente se comporta...

Subjacente.
Sentir diferente.
é uma chance de re-descobrir.
Toda re-leitura

VALE A RE-LEITURA

VERSOS SOLIDÁRIOS DE SOLIDÃO

Versos de amor.
Versos de ódio.
Versos de amor e ódio.

Versos de ódio.
Versos de amor.
Versos de ódio e amor.

só lidade
só litude
só
lidão

os odiados odiosos românticos
esses sim nos entenderão.

odeio você
&
amo você

odeio você
&
amo você

Tudo junto na mesma cama
Tudo junto na mesma grama
na mesma fama
na mesma chama
na mesma
na mesma
na mesma
na mesma
na
p r ó p r i a

mentiras impróprias...
mentiras boas...
mentiras ruins...
mentiras
da
[Sol]
idão

EXISTIR INFINITO

Quantas pessoas chorariam a minha morte?
A existência não faz sentido.
Porém é tão real e grandioso **ex i s t i r**.

Existem
tantos problemas
      tantos sonhos
tantos medos
      tantas relações

enfim,
existem tantas coisas que simplesmente
não têm o porquê de existirem.
Muitas vezes penso que nós, seres vivos, somos mínimos:
poeira estelar.

Só que dentro de cada ser
existem mil forças que dizem o contrário.

TER que **SER** é horrível
ex i s t i r é sensível.

Podemos sentir que fazemos diferença.
Existir é estar nu num sofá marrom
escrevendo sobre "existir"
em uma tela de tecnologia
achando que isso faz alguma diferença
pra alguém além de si mesmo.

Existir é ter que levantar pra viver.
Se não fosse por esse detalhe,
escreveria até mais tarde sobre "existir".
É um assunto infinito.
Como nós.

O BÁSICO

**Agradecer
Compreender
Viver sem se arrepender.**

UNI VERSO

Todo **universo** verso num **incerto** verso.

São tantos focos que **desfoco**.

Me desculpe,
sinto muito.

SoU umA ESPéCIE de C~on~FUSãO HARMÔNICA.

AMOR GRAMÁTICO

{Amar}

verbo in-transitivo.

Que para

a c o n t e c e r

tem que estar

no indicativo.

Não faça do

AMOR

uma

obrigação.

Deixe de lado
o modo

!IMPERATIVO!

A SER PREENCHIDA

**Não sei o quanto
contudo ainda me
e n c a n t o
com uma página em branco.**

PÓSXÃO

Abotoe-se antes de sair!

Assim os outros não saberão das nossas

LOUCURAS.

MEIO METADE

**Odeio achismos.
Prefiro
abismos.**

ESTÁ CERTO DISSO?

Nunca senti tanta
certeza
ao dizer que:

a vida é uma caixinha de incertezas.

terapia

Um ao sair.
Um ao chegar.
Escrevo pra me
l i v r a r.

ESQUE-
CIMENTO
GLOBAL

AQUE-
CIMENTO
GLOBAL

JARDIM

**Seja como for
seja como**

POEIRA ESTELAR

Gosto

de lembrar:

somos

q u a s e

nada

sentindo

quase

t u d o.

EU ACREDITO EM VOCÊ

eu **acredito** em você.
eu acredito em você.
eu acredito em **você**.

pronto!

Eu já **acredito**.
Agora só falta
v o c ê.

Amar é encontrar um **lar**
no olhar.

QUER SE VER NO MEU oLHO?

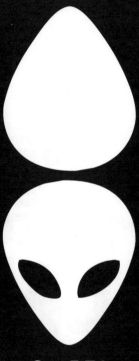

O OUTRO LADO DO POETA

Vitrine de cabeças sem corpos.
Repulsa dos vivos
Amor aos mortos
Aos destroços e à liberdade
A vida e a verdade.

Observe a vitrine.
É tudo igualmente único.

arte
ao
amor
&
amor
à
arte

Sou um apaixonado
apaixonado como um menino
que sente
o amor pela primeira vez.

o mundo vai ensinando
a gente a ser "errado",
a trair, a não crer.

Sorrir até o fim de mim.

Com alma de Sol
pintei o amor
com cor
amar ela.

Chuva boa pra

[m o l h a r]

a calma.

Chuva boa pra

[s e n t i r]

a alma.

LA REVOLUCIÓN

Poesia é mais que poesia.

É expressão.

Poesia não é evolução.

É

re - v o l u ç ã o.

CONCISO

R e c e b a ,
promova.
P e r c e b a ,
se m o v a.

MORENA

Em uma noite serena
eu nada pensava.
Só tentava, até { **imaginava**}...
No **encanto** da morena
me **perdia**...
mas **sentia**:
que { **a m o**}.
nem reclamo!
a noite caia...

O CARREGADOR

Carrego
poesia
em
cai **x o t a s**.

A FLOR

Amor,
o que seria de **mim**
se num domingo **assim**...
não tivesse em meu **jardim**
aquela
f l o r?

COMPLETE O VERSO

Quero

à flor
da
p e l e.

{SER}ES SORRIDENTES

Pra que
con t e r
os
c o n t e n t e s

sorri d e n t e s?

Que só mostram
os
d e n t e s
e
com **p a r** tilham

a
f e l i z-
-m en t e

com
a
g e n t e.!

NASCIMENTO POÉTICO

P
Po
Poe
Poes
Poesi
Poesia
Poesi
Poes
Poe
Po
P

OUTRO SENTIDO

É.

Contigo

faz

Sentindo.

COR&AÇÕES

Mesmo

com nossos

cor a ç õ es

tão **próximos** ...

Meus

o l h o s

queixam-se

de ter que

te s e n t i r

tão

de _____**longe.**

DAS EMAS, SIM DAS EMAS

pô,
eminha
pô, emão
pô, ema
Não briguem!
toda ema
se
emaciona
com
poema
briga
e
chora em cena.

CACHU

Fecha o olho e **sente**
a **energia** sequente
de água gelada.

Fecha o olho e **sente**
a natureza ardente
de **alma pelada**.

Fecha o olho e **sente**
todo **universo** contente
sob sua cuca.

Fecha o olho e **sente**
o **ouvido** que expande
pelos ossos e nuca.

Fecha o olho e **sente**
o universo **sentir**.

Fecha o olho e **sente**.
o universo **fluir.**

Fecha o olho e sente.

ME PERDURO

Me perduro nas árvores.
Me perduro nas janelas.
Me perduro em você.

Me perduro no tempo.
Me perduro na lágrima.
Me perduro na lástima.
Me perduro no senso.

Me perduro no varal
pra secar as incertezas
in-secantes.

Me perduro até sentir
que a vida é rica
por pura riqueza.

Natural
por pura
natureza.

Bela
por pura
beleza.

Nobre
por pura
nobreza.

por pura purpurina!

por pura!

mal dade
nos olhos grandes
&
mel ados
da
menina.

DESCONVERSAS PARALELAS

Sentamos.

Sempre nos olhamos muito.
Sempre nos pensamos muito.

Rimos.
Cada um num momento.
Cada um pensando suas besteiras,
consigo.

Estamos bem,
mesmo sem
realmente
e s t a r mos
ali.

– O que foi? pergunto.
– Nada não.

Sempre nos olhamos muito.
Até os detalhes.

O papo foi bom.
Sem palavras.
Fluiu o
o l h a r.

E a boca serve mais
para

b e i j a r.

Equilibre-se
através
da
arte
de
se
sentir
bem,
amem.

DIAS DE PENSAMENTOS BRANCOS

Não consigo escrever **nada**.

Só consigo escrever que
eu não consigo escrever **nada**.

Serve?

Deve servir.
Afinal,
[n a d a]
é tanta coisa.

Quando lerem, pensem em
n a da.
Por que **com o [nada]**,
o [tudo] existe.
E **o tudo**, assim como **o nada**,
é tanta coisa.

N a d i f i q u e

Esvazie-se do
t u d o.

A
t u d i f i c a ç ã o
vem naturalmente.

Pena que não consigo escrever **nada**.

Nada poderia ser tanta coisa como só o nada é.

O REVELADOR DIA EM QUE PERDI A INS(PIRAÇÃO)

Teve um dia em que achei que havia perdido toda
i n s - p i r a ç ã o . Foi horrível.
"E agora?!"
O que eu ia fazer?!
Forçava o pensamento
como quando se ex-preme uma laranja.
Poemas não são feitos com laranjas.
muito menos ex-premidos.

Quanto mais eu tentava com que saísse
mais se afastava qualquer tipo de **piração.**
Pensei em ir ver um médico
"Não... ele não me entenderia... diria que passa... riria de mim"

A sensação de **preocupação** me subia pelo corpo
desde a ponta do dedão do pé
até o topo de mim.
Suava.
Andava de um lado pro outro
nem queria pegar na caneta.
Tinha medo.
Tinha medo de que não acontecesse a **mágica.**

Angustiado, fiz um chá de camomila
e queimei a língua
queimei neurônios
fritei miolos

c h o r ei...
Pensei que seria o **f i m**.
O **fim** de m i m.
Triste **fim**.

Coloquei um CD triste
e
deitei na cama **como se tivesse**
perdido o amor da minha vida.
s o f r i .

Quis sofrer.
Vai quê...?
Acordo num impulso.
Na cama.
Não me recordo direito de como havia dormido.
Até esboçava um tanto de **vida**.
Levantei o tronco
espreguicei-me, levantei e
l e m b r e i
que me **faltava** algo.
Por que raios eu **lembrei**?!?!
Era um ser sem alma. Um inválido.
Um **merda**.
Precisava seguir com a vida **sem ela**.
Precisava seguir com a vida
ir trabalhar, ver aquelas **mesmas** pessoas,
ouvir as **mesmas** coisas, pegar o **mesmo** trânsito,
comer da **mesma** comida, beber da **mesma** água,
mijar no **mesmo** banheiro, pegar o **mesmo** elevador,
fazer o **mesmo** sexo...
fazer tudo que sempre fiz... mas que nunca fiz sem
e l a.
Sem minha **piração**.
Minha **ins-piração**.
Como faria pra viver essa vida chata e repetitiva?!
Deve ter sido isso que me fez mal
e espantou minha **inspiração**.
Esse mundo "humano" demais.
As coisas simplesmente **são**.
Chegamos e elas já estavam aqui.
pra que **mudar**?
por que **viver diferente**, né?
por que **criar**?
por que **viajar**?
por que **amar**?
por que **acreditar**?
por que **a c r e d i t a r**?

morremos todos.
a vida valeu a pena?
valeu?
Me vi abismado, como se fosse oco,
sem fundo.
Nada fazia **sentido**.
Nada faz **sentido**.
Não é pra fazer.

"só sei que nada sei"

E foi nesse instante que me vi
sentado na privada.
Na mesma de sempre
Naquele horário de sempre.
Mesma **bosta** de sempre.

Li essa frase na porta da cabine:
"só sei que nada sei"
"só sei que nada sei"
"só sei que nada sei"
Isso ecoava em meus órgãos,
ossos e sangue.

Percebi que não havia perdido a **inspiração**.
Nunca.
Só estava preocupado.
Só me bateu uma **inspiração** mais forte
tão forte que nem notei que era {**e l a**} o tempo todo.

Minha "falta de inspiração"
me inspirava.

era minha **p i r a ç ã o** .

A vida é **doida** mesmo
igual **eu**.

VIAGEM EM CIMA DA FOTO P.B.

Uma outra vida.
Um outro ser, diferente de você.
Mas que te habita, como muitos
outros.
Os outros te olham, te julgam & falam,
falam, falam.
E você,
pode ser qualquer um dos outros
Afinal ê um ator.
Que vive outros.

Eu vivo o Pedro.
Ele me vive.
É uma troca.

eu me amo Pedro.
Sacou? Haha

Sei lá, só comecei a escrever e não parei
ainda, inclusive agora!
Tá! Chega!
Finito, cabrito, palito!
A graça da vida é o infinito!
Acabei assim pra acabar bonito!
Pronto!
Fodi com tudo!
Eita, escrevi palavrão!
Desculpa, sociedade!
É só poesia e expressão,
E eu gosto por ser livre e sem censuras escuras.

DOIDãO PELO AMOR

sou rebelde.
sou maluco.
sou louco,
d o i d ã o.

Carrego apenas um fardo
que é
a m o r.

Amor.
no

[coração]

AMOR PRÉSSA NAÇÃO

sem escrúpulos.
quemama
não se importa que
j u l g u e.

quemama ,
AMA .
E isso
basta.

O amor é
lindo.
In-findo
e forte.

Supera tudo .
Não tem... t e m p o... que dê conta.
Supera tudo .

Base.Base.Base.Base.Base.

Por isso falo tanto
de **amor**...

Sou um maluco que
Ama o Amor.
sou doidão de **amor**.
Confio nele.

Sentir é o melhor.
O melhor.
SENTIR.
Amor cura.
Amor é cura.
Amor faz tão bem
que não dá pra **viver**
sem.

Doidão, maluco, romântico lunático...
chame como quiser.
O **amor** pra mim
é
[**catártico**].
Nada de complicado,
bem
prático.

[**Ame**].

É o **suficiente**.

É essência.
É essencial.
É **amor**.

É informal.

Conheça outros títulos da editora em:
www.editoraseoman.com.br